SV

W0064871

Sonderdruck
edition suhrkamp

Peter Sloterdijk
Reflexionen eines nicht mehr Unpolitischen

Dankrede von Peter Sloterdijk
zur Entgegennahme
des Ludwig-Börne-Preises 2013

Laudatio:

Hans Ulrich Gumbrecht
Wachheit
Von Ludwig Börne zu Peter Sloterdijk

Suhrkamp

edition suhrkamp
Sonderdruck
Erste Auflage 2013
© Suhrkamp Verlag Berlin 2013
Originalausgabe
Alle Rechte vorbehalten, insbesondere das
der Übersetzung, des öffentlichen Vortrags sowie der
Übertragung durch Rundfunk und Fernsehen,
auch einzelner Teile.

Druck: Druckhaus Nomos, Sinzheim
Umschlag gestaltet nach einem Konzept
von Willy Fleckhaus: Rolf Staudt
Printed in Germany

ISBN 978-3-518-06070-4

Inhalt

Hans Ulrich Gumbrecht
Laudatio
7

Peter Sloterdijk
Dankrede
29

Hans Ulrich Gumbrecht

Wachheit

Von Ludwig Börne zu Peter Sloterdijk
Begründung eines intellektuellen Urteils

Sehr geehrter Herr Oberbürgermeister Feldmann,
lieber Vorsitzender der Börne-Gesellschaft,
 Michael Gotthelf,
lieber Peter – und designierter Börne-Preisträger,
liebe Regina und liebe Mona,
meine sehr geehrten Damen und Herren –
und auch, weil ich so viele von Euch hier sehe:
 liebe Freunde!

In einer schwierigen Lage befinde ich mich heute morgen. Denn ich soll zum Anlaß der Börne-Preis-Verleihung an Peter Sloterdijk und in seiner Anwesenheit über einen Preisträger sprechen, der von sich – ohne Koketterie anscheinend – gesagt hat: »gelobt werden ist nicht meine Stärke«. Diese allein schon durch das Mini-Zitat beschwerte Ehre fällt mir heute zum zweiten Mal zu, zum zweiten

Mal seit dem 4. Mai 2008, als Peter Sloterdijk in Wolfenbüttel Lessing-Preisträger wurde. Besonders beeindruckt kann er von der Rede damals nicht gewesen sein, denn in *Zeilen und Tage*, seinen kürzlich veröffentlichten Notizen, die genau vier Tage später, am 8. Mai 2008, einsetzen, findet sich keine Spur einer Wolfenbüttler Erinnerung.

Das eigentliche Problem aber gehört zu einer sprachhandlungs-philosophischen Dimension. Wenn ich die Rolle des Tages nämlich einigermaßen ernst nehme, dann steht es mir nicht einmal zu, Peter Sloterdijk zu dieser Preisverleihung meinen Glückwunsch zu sagen, weil ich für die Entscheidung, die ihr zugrunde liegt, ganz allein verantwortlich bin – nicht bloß mit-verantwortlich. So jedenfalls sieht es das Ritual des Börne-Preises vor: Der Vorstand der Börne-Gesellschaft benennt jedes Jahr einen Juror, und dieser Juror wählt – ohne Verpflichtung zur Rücksprache und ohne Interventionsmöglichkeit seitens der Börne-Gesellschaft – den neuen Preisträger aus. Wenn es nun die zweite Aufgabe des Jurors ist, am Tag der Verleihung über den Preisträger zu sprechen, dann kann meine Rede heute eigentlich trotz des festlichen Rahmens keine Lobrede im strikten Sinn der Tradition sein, sondern muß öffentlich

Rechenschaft ablegen über die Gründe der getroffenen Wahl – in Gegenwart dessen, den ich gewählt habe, in Gegenwart des Börne-Vorstands, der mich gewählt hat, in Ihrer Gegenwart, meine Damen und Herren, die Sie die – natürlich kritische – Öffentlichkeit dieses Landes verkörpern, und in der Paulskirche, an dem Ort also, wo die deutsche Öffentlichkeit als politische Institution ihren geschichtlichen Ursprung nahm.

Wie kann ich mich aus dieser Affaire ziehen? Anders gesagt: wie kann man einer Rolle gerecht werden, die vorschreibt, Rechenschaft abzulegen über ein intellektuelles Urteil zugunsten eines vielbewunderten Denkers und Autors, der zugleich mein guter Freund ist? In der knappen halben Stunde, welche die Choreographie des Morgens zur Verfügung stellt, möchte ich versuchen, diese Aufgabe in fünf kurzen Schritten zu bewältigen. Beginnen werde ich mit einer Erinnerung an die historische Bedeutung des Lebenswerks von Ludwig Börne, die selbstredend als Maß für die getroffene Entscheidung gelten muß. Daneben stelle ich ein erstes Portrait von Peter Sloterdijk, vor allem ein Portrait seiner Sprache, weil ich glaube, daß seit Nietzsche kein anderer Philosoph die Öffentlichkeit in Deutschland mit einer ähnlichen Kraft des Ausdrucks belebt hat. Im mittleren Teil meiner Rede konzentriere ich mich dann aus zwei Gründen auf den Begriff der Wachheit. Zum einen weil wohl nichts Ludwig Börne und Peter Sloterdijk mehr verbindet als ihre Fähigkeit, die Öffentlichkeit in Wachheitszustände zu versetzen; zum anderen weil die je verschiedenen Modalitäten, in denen ihnen dies gelingt, auch wesentliche Unterschiede des intellektuellen Stils und ihrer intellektuellen Situationen hervortreten lassen. Danach will ich auf Peter Sloterdijks Sprache zurückkommen, um in ihr zwei Formen zu beschreiben, die ich mit der Erzeugung von Wachheitszuständen assoziiere. Am Ende werde ich Ihnen, meine Damen und Herren, noch eine Begründung meiner bis dahin implizit bleibenden Prämisse schuldig sein, daß im frühen einundzwanzigsten Jahrhundert – und zumal in der Welt der Europäischen Union – diese wachheitsproduzierende Arbeit der Intellektuellen zu einer Überlebensbedingung für die Öffentlichkeit geworden ist. Deshalb gerade, glaube ich, sind die Kraft und die Würde der Öffentlichkeit wie der Intellektuellen heute aufs engste mit Wachheit verbunden.

Einen Moment will und muß ich freilich noch darauf verwenden, einem in dieser Öffentlichkeit plazierten und breit registrierten Vorwurf im Hinblick auf meine Entscheidung für Peter Sloterdijk entgegenzutreten. Henryk M. Broder, ein Börne-Preisträger, den ich oft und fast immer gerne lese, hat den Vorstand der Börne-Gesellschaft – und damit indirekt mich – für die Wahl eines Nachfolgers kritisiert, der nach seiner Meinung die Beschädigung der territorialen Souveränität und des nationalen politischen Status der Vereinigten Staaten von Amerika am 11. September 2001 nicht ernst genommen, ja sogar banalisiert haben soll. Dagegen möchte ich als Bürger der Vereinigten Staaten meine über viele Jahre gewachsene und zugleich spezifisch auf jenes Datum bezogene Erfahrung stellen, daß kein anderer europäischer Intellektueller die Bedeutung des Landes, das ich mir als Heimat ausgesucht habe, besser versteht, deutlicher – nicht selten gegen verkrustete Vorurteile – hervorhebt und manchmal durch kritische Beobachtungen befördert als Peter Sloterdijk. Dafür bin ich ihm dankbar, und auch dies war ein – eher persönlicher – Grund für meine Wahl.

*

Aber nun zu Ludwig Börne, der 1786 in Frankfurt am Main geboren wurde und 1837 in Paris starb – in aller von den Frankfurter Autoritäten auferlegten Kürze, über Ludwig Börne, der immer noch auf einen ebenbürtigen Intellektuellen unter den ihm Nachgeborenen wartet, welcher ein seiner Größe in Differenzierung und Entschlossenheit des Urteils angemessenes Profil herausarbeiten könnte. Börne war ein deutscher Patriot, der genau wußte, was er wollte: eine als bürgerliche Republik im Geist der französischen Juli-Revolution von 1789 geeinte Nation. Mit dem Namen Loeb Baruch Börne ins Leben eingetreten, schrieb er, wie es dem damaligen Verständnis der Öffentlichkeit entsprach, nicht aus der spezifischen Perspektive eines deutschen Juden, sondern von der normativen Position »reiner Menschlichkeit« aus, für die ein Engagement zugunsten der Juden – und zugunsten anderer Gruppen in seiner Gesellschaft – selbstverständlich war. Um dem Ziel der demokratischen Einigung seiner Nation näherzukommen, hat Börne immer wieder versucht, sie in Zustände politischer Wachheit zu versetzen – während der Jahre der napoleonischen Herrschaft, dann seit 1815 gegen die Rückschritte der Restauration und nach 1830 aus

Paris mit der Stimme des ausgewanderten, aber nur um so leidenschaftlicheren Patrioten. Eine für Börnes Schreiben charakteristische Geste ist der um Pointierung bemühte Aphorismus. Darin liegt eine erste Affinität zum Sprachstil von Peter Sloterdijk, und ich stelle mir vor, daß Börne, wären sie Zeitgenossen gewesen, Sloterdijk als einen Meister anerkannt hätte.

Peter Sloterdijk nun, dieser deutsche Meister aus dem späten zwanzigsten und frühen einundzwanzigsten Jahrhundert, ist ein Autor, der – im Gegensatz zu Börne – bis heute nur selten auf politische Ziele hin geschrieben hat, sich vielmehr auf Horizonte des »Danach« konzentriert, um sie genealogisch zu verstehen und in ihren Möglichkeiten auszuloten, vor allem auf die Zeiten nach 1968, nach 1989 und nach 2001 bisher. Dabei erweist er sich eher als ein Denker der explosiven Intuitionen und der brillanten Vielfalt als der ausgearbeitet linearen Argumentation (weshalb der Rhythmus seiner Texte in manchen Passagen an den Rhythmus der Texte von Heidegger erinnert). Beeindruckende Transparenz gelingt Sloterdijk – besser als Heidegger – vor allem dank einer energischen Neigung zur Hyperbel, die er einmal als »schickliche Übertreibung« beschrieben hat, aber auch durch Gesten der syntaktischen Kompression und Expansion.

So treibt sein Schreiben Gedanken immer wieder auf die Spitze, läßt »auf der Bühne« der Öffentlichkeit, einer Dimension, die Nietzsche in unser Bewußtsein gebracht hat und für die sich Sloterdijk begeistert, die intellektuellen Muskeln spielen und unterbricht provozierend Zustände der Selbstgefälligkeit unter seinen Lesern. Auf den ersten Leser-Blick schon erweist er sich als Autor der aufmerksamen Offenheit, für den das In-der-Welt-Sein eine nie eingeklammerte Voraussetzung ist und der auf alle anderen Denker lernend reagiert, manchmal mit einer Intensität, die ihn zum Rhapsoden seiner Vorgänger macht. Den eigenen Intuitionen und Assoziationen legt er kaum je Beschränkungen auf. Es gibt nur drei Haltungen, die sich Peter Sloterdijk programmatisch versagt: den Idealismus (oder das Aufgeben einer Innensicht der Welt), den Moralismus (oder die Anmaßung, eigene Positionen als normativ zu setzen) und das Ressentiment (die Aufhebung von Großzügigkeit und Gelassenheit).

Sie haben nun, meine Damen und Herren, einen ersten Eindruck, worauf ich mich beziehe mit der These über die Herstellung von Wachheitszuständen als Konvergenz- und auseinanderstrebendem Fluchtpunkt des Schreibens von Ludwig Börne und Peter Sloterdijk. Aber wie können wir diesen Begriff der »Wachheits-Erzeugung« in einer Weise weiter differenzieren, die es ermöglicht, die Unterschiede zwischen den beiden Protagonisten prägnanter zu erfassen? Ich zitiere in diesem Zusammenhang gerne einen großen Athleten, Pablo Morales, vielleicht den herausragenden Butterfly-Schwimmer der Sportgeschichte, der einmal jene unwiderstehliche und komplexe Faszination der Wachheit, welche ihn motivierte, zu unmenschlich anmutenden Trainingseinheiten zurückzukehren, nach Jahren der Wettkampfpause (während seines Jurastudiums und seines erfolgreichen Karrierebeginns als Rechtsanwalt), mit den Worten beschrieb: »I wanted to be lost in focused intensity.« »Intensität« verweist hier auf einen Aspekt rein quantitativer Steigerung, wie er auch zu Husserls Begriff der »Bewußtseinsspannung« gehört. In solcher Intensität lenkt man nicht selbst den Strahl der Aufmerksamkeit auf bestimmte Gegenstände, sondern ist ganz offen für all das (»lost«), was die Welt präsentiert und noch präsentieren wird. Diese Offenheit schließt die eigenen, epiphanisch-unerwarteten Reaktionen der

Gefühle, der Bilder und der Begriffe ein, die im Fall von Peter Sloterdijk gespeist werden von einer atemberaubenden Belesenheit und einer über ein halbes Jahrhundert erworbenen Gelehrsamkeit.

Hier trennen sich aber nun die Vektoren von Sloterdijks und von Börnes Wachheitsbewegung. Börne scheint zeit seines Lebens darauf gehofft zu haben, daß die eigene Wachheit und die von ihm bei anderen hervorgerufene Wachheit in Entschlossenheit umschlagen, in die Entschlossenheit, der Vision eines politischen Ziels näherzukommen, um sie am Ende zu verwirklichen. Sloterdijk hingegen gibt – wie Nietzsche – seinen Intuitionen und Epiphanien markante, ja manchmal drastische Sprach-Formen, unterläßt aber fast ostentativ den Versuch, ihre öffentlichen Wirkungen zu steuern. Diese Einstellung formender Gelassenheit hat seine berühmtesten Bücher, Essays und Manifeste charakterisiert, seit dem Begriff und dem Buch von der Kritik der »zynischen Vernunft«; mit dem metaphorischen Sprengsatz vom »Menschenpark« anläßlich der Diskussionen über die Konsequenzen der Genom-Entschlüsselung; durch seine leidenschaftliche Sammel- und Kommentar-Passion im Blick auf »Sphären«; durch die »thymiotischen Gesten« in *Zorn und Zeit*; kürzlich erst mit den Programmen des »Übens« als Signatur unserer Gegenwart – und bald mit der Rolle des »Bastards« und dem Zustand des »Terrors« als Leitmotiven einer neuen Beschreibung des angehenden einundzwanzigsten Jahrhunderts.

Bisher habe ich allein von Börnes und von Sloterdijks eigener, je verschiedener Wachheit als öffentliche Intellektuelle und als Autoren geredet. Aber wie gelingt es Peter Sloterdijk, seine Leser und auch seine Hörer immer wieder in Wachheitszustände zu versetzen, obwohl er – verzeih, lieber Peter, diesen für mich unvermeidlichen Kalauer – doch eigentlich kaum je so in die Welt blickt, als sei ihm an Wachheit gelegen? Erst seit der Veröffentlichung von *Zeilen und Tage* im vergangenen Jahr, seinen Notizen von Mai 2008 bis Mai 2011, gibt es die Möglichkeit, Sloterdijks Rhetorik der Wachheits-Erzeugung in ihrer Entstehung zu beobachten.

Täglich schreibt er in DIN-A4-Heften auf, was seine innerweltliche Offenheit wahrnimmt, registriert und reflektiert. Im Scheinwerfer dieser Aufmerksamkeit kann ich keinerlei Zentren vorhersehbarer Fokalisierung und schon gar nicht irgendwelche Limitierungen ausmachen: Ich stoße auf Beschreibungen von Landschaften, Gesichtern und Körpern, auf überraschend kompetente Bemerkungen zum Sport und auf Reaktionen zur Musik der verschiedensten Stillagen und historischen Ursprünge; Peter Sloterdijk schreibt erstaunlich oft über das Fernsehen, ebenso vertraut mit der nationalen *Tatort*-Tradition und den gerade beliebtesten Reality Shows wie mit Late Night Porn; er hält neue und alte Redewendungen fest; er reagiert auf die meistens (aber nicht einmal ausschließlich) gebildeten Zeitungen und Magazine vieler Länder (wir teilen die Bewunderung für die von der *Sunday New York Times* gebotene »Welthaltigkeit«).

Kompression in der Zuspitzung von Pointen und Aphorismen ist die erste sprachliche Geste, mit der die Fülle und die Details von Sloterdijks Beobachtungen geformt werden. Die Aphorismen verdichten Weltkomplexität zur Intensität von Hyperbeln, während die Pointen rhetorische Überraschungen produzieren, indem sie Lesererwartungen fehlleiten und dann plötzlich umkehren. Beide erregen Wachheit. In vielen Tageszusammenhängen aus den Notizbüchern steigert sich die Tendenz der Kompression zur Wirkung eines Feuerwerks, und der Eindruck wird wohl noch überhöht, wenn ich Ihnen, meine Damen und Herren, eine Mini-Anthologie von sieben Lieblingsstellen zum besten gebe:

Der Begriff der »Weltoffenheit« ist nützlich, um ein Inneres zu denken, das keine separate Substanz voraussetzt (S. 393).

Das Unglaubliche ist der einzige Maßstab, an den zu glauben immer richtig ist (S. 451).

Leben und über seine Verhältnisse leben sind Synonyme (S. 260).

Sex und Oper haben gemeinsam, daß das eine wie das andere nur so »gut« sein kann, wie es übertrieben ist (S. 451).

Der eheliche Eros. In Economy buchen, in Business reisen. Haltbare Liebe hat viel mit Aufmerksamkeit für Upgrading zu tun (S. 210).

Wo Religion war, soll runder Tisch werden (S. 390).

Das amerikanische narcissistic klingt wie ein unregelmäßiger Komparativ zu unserem narzißtisch (S. 208).

Die Formen und Formeln der Kompression von Peter Sloterdijk können in Akte intellektueller Schließung umschlagen. Ich glaube eine Neigung zu erkennen, die meisten jener Gedanken und Bilder gleichsam wie Karten »abzulegen«, die ihm einmal zur Pointe oder zum Aphorismus geworden sind.

Umgekehrt verhält es sich mit der zweiten rhetorischen Geste der Wachheitserzeugung, mit der Expansion. Ihre Vorzugs-Form sind (häufig numerierte) Listen von Gegenständen, Phänomenen und Ideen, denen immer eine Struktur vielfältig genauer Unterscheidungen zugrunde liegt, eine Struktur, welche im Gegensatz zu binären Unterscheidungen (oder Aphorismen) gerade nicht auf Schließung angelegt ist, sondern den Autor selbst – und gewiß auch seine Leser – zum komplexitätsproduzierenden Weiterdenken herausfordert. Ich möchte Ihnen – wieder aus *Zeilen und Tage* – drei solcher Listen vorstellen. Die Pointe der Verbindung eines hochabstrakten Begriffs (»Freiheit«) mit durchaus konkreten Gegenständen belebt die erste von ihnen:

Keine Freiheit ohne   Pferd
                         Segel
                         Tinte, Schreibzeug, Papier
                         Dynamit
                         Erdöl
                         Automobil
                         Telefon
                         Flugzeug
                         Computer (S. 192).

So wie sich hier bei der Lektüre gleich als erster
Horizont eine – überraschend materielle – Geschichte der Freiheit abzeichnet, wirft die zweite
Liste eine Skizze für das sozialhistorische Profil
des zwanzigsten Jahrhunderts ab:

Gesichter und Masken des 20. Jahrhunderts:
Der Neue Mensch
Der Barbar
Der Bastard
Der Berufsrevolutionär
Der Erste Mensch
Der Letzte Mensch
Der Endverbraucher
Der Fan
Der Vampir (der Adlige im Exil)

Der Zombie
Der unbekannte Soldat
Der Massentourist
Der Promi
Der Wettkandidat (S. 265 f.)

Was mich an der dritten Liste besonders beeindruckt, ist – trotz Sloterdijks Tendenz zu zentri-
fugalen Denkexplosionen – die deutliche Kraft
eines philosophischen Arguments über die Rück-
wirkung von Bildern auf die Wirklichkeiten, denen sie entspringen:

Hauptsätze der Ikonodynamik:
1 Jede Abbildung vermehrt das Seiende.
2 Die Abbildung bewirkt die Entleerung des
  Seienden ins Bild und führt zum Wärmetod
  in der Wiedergabe.
3 Was einmal auf der Bildstufe angekommen
  ist, kann nicht mehr ins Reale zurückgeführt
  werden.
4 Sobald nur noch Bilder von Bildern erzeugt
  werden können, ist das Reale in den Bildern
  aufgegangen.
5 Die Sorge um den möglichen Rest des Realen ist keine reale Sorge (S. 404).

Wenn man dem Klappentext des Buchs und Peter Sloterdijks eigener »Vorbemerkung« trauen darf, dann »kritzelt« er seit vierzig Jahren und »nahezu täglich« (meistens am Morgen) solche Aphorismen, Listen, Entwürfe und manchmal auch längere Texte, die man wie zum Druck bestimmte Essays liest, in seine Notizbücher, ohne damit je eine bestimmte Absicht oder Funktion assoziiert zu haben. Angesichts der mich immer wieder in Wachheitszustände versetzenden – und einfach umwerfenden – Vielfalt der Formulierungen, Bilder und Ideen, von denen die meisten ja nie zu dem potentiellen Buch werden, das in ihnen steckt, muß ich an dieser Stelle – wenigstens einmal – den üblichen Kollegen-Stolz einklammern (denn ein »Kollege« ist Peter Sloterdijk ja auch) und zugeben, daß sich als Nebeneffekt der Bewunderung manchmal auch Neid in der Gegenwart eines Geistes einstellt, der sich solche Sorglosigkeit im Umgang mit der eigenen Produktivität leisten kann.

Und anders als die Aphorismen haben Sloterdijks Listen nie den Effekt des »Ablegens«. Oft scheinen sie – und dies ist nun das wörtliche Zitat aus einer Selbstbeschreibung – auf den Moment zu warten, wo »der Autor erwacht«. Dann kann aus solchen Listen in nur wenigen Wochen energiegeladenen Schreibens ein Buch werden. Auf den Schreibprozeß wirken Selbstrestriktionen ein: das Verbot, sich die Rückkehr zur wiederholbaren Formel eines »Diskurses« zu gestatten, und der Entschluß, die Schreib-Energie nicht bei öffentlichen Auftritten verpuffen zu lassen. Absolute Offenheit auf der Bühne der Welt wird über Formen der pointierten Kompression und der hyperbolischen Expansion unter den Bedingungen einer energiegeladenen und innovationsehrgeizigen Privatheit zur Rhetorik der Wachheitserzeugung. So, meine ich, läßt sich als geschlossene Form – und hoffentlich ohne Formelhaftigkeit – Peter Sloterdijks Produktivität als Autor beschreiben, die von seiner Produktivität als Denker nicht zu trennen ist.

*

Doch nun, nachdem ich versucht habe, wenigstens in Ansätzen zu erklären, warum mir die Wahl von Peter Sloterdijk zum Börne-Preisträger so leichtgefallen ist, schulde ich Ihnen, meine Damen und Herren, noch in einer anderen Hinsicht Rechenschaft, nämlich bezüglich der historischen Frage, warum ich gerade den Zustand der Wachheit als so ausschlaggebend für die Öffentlichkeit unserer Gegenwart ansehe. Das ist auch die Frage nach der Bühne des Denkens von Peter Sloterdijk, nach einer Bühne, die er sich nicht ausgesucht, sondern die ihm als Szene seines intellektuellen und existentiellen Schicksals zugefallen ist. Warum aber glaube ich, daß die Öffentlichkeit von heute zum Überleben vor allem Wachheit braucht – viel mehr als jene Entschlossenheit, welche Wachheit hin auf politische Ziele lenkt?

Natürlich ist dies auch noch einmal eine Frage, in deren Beantwortung die Konvergenz und der Unterschied zwischen dem Werk Börnes und dem Werk Sloterdijks hervortreten sollen. Zunächst – und ganz im Gegensatz zur Lebenszeit von Ludwig Börne, als dem Begriff »Deutschland« keine politische Form entsprach – besitzen Sie als Bürger der Bundesrepublik Deutschland seit einem guten halben Jahrhundert (und zum ersten Mal in der Geschichte des Landes mit solcher Kontinuität) eine funktionierende Öffentlichkeit und sollen sie bewahren, indem Sie ihren Raum immer wieder beleben, statt ihn zu modifizieren oder gar durch eine alternative Institution zu ersetzen. Anders als in Börnes historischer Gegenwart jedoch sind

Sie – sind wir alle – am Beginn des einundzwanzigsten Jahrhunderts mit Problemen konfrontiert, speziell mit ökologischen und wirtschaftlichen Problemen, für die uns keine evidenten oder doch mindestens durch breiten Konsens getragenen Lösungen in Aussicht stehen. Die größte unmittelbare Gefahr geht angesichts dieser Situation – zumal in Europa (und davon wird Peter Sloterdijk heute morgen wohl noch sprechen) – von den falschen Propheten des Idealismus, des Moralismus und des Ressentiments aus, die ihre eigenen, stets partialen Positionen normativ setzen, dabei nicht selten, mehr als dies Intellektuellen je zuvor gelungen ist, einen stumpfen Konsensus der Entrüstungen abrufen und so die Wach-Station der Öffentlichkeit in die Anästhesie einer permanenten Einigkeit verfallen lassen.

Wenn die Wachheit Ludwig Börnes als Katalysator die Emergenz der Öffentlichkeit in Deutschland entscheidend befördert hat, so trägt heute Peter Sloterdijks Sprache der Wachheitserzeugung durch die von ihm ausgelösten, aber nie strategisch herbeigeführten Debatten ebenso entscheidend dazu bei, diese deutsche Öffentlichkeit am Leben zu halten. Die nötige Motivation, sagt er, erwächst ihm immer weniger aus der Leichtigkeit des Seins und immer mehr aus der Schwere der gegenwärtigen Welt. Das sind die Gründe, warum ich bei der mich ehrenden Aufgabe, den Börne-Preisträger für das Jahr 2013 zu bestimmen, keine Alternative zu Peter Sloterdijk gesehen habe. Und sollte es mir gelungen sein, über diese Gründe Rechenschaft abzulegen, dann habe ich am Ende vielleicht doch das Recht gewonnen, Dir, lieber Peter, zu meiner Wahl zu gratulieren.

Peter Sloterdijk

Reflexionen eines nicht mehr Unpolitischen

»Die Welt der Seele ist in Sympathiesysteme gegliedert« – ich meine mich zu erinnern, diesen Satz in jungen Jahren bei einem deutschen Gelehrten gelesen zu haben, wenn ich mich nicht irre, bei Ernst Robert Curtius, dem großen Romanisten, der sich nach dem Zweiten Weltkrieg dem noblen und vergeblichen Unternehmen gewidmet hatte, die Einheit Europas aus der mittelalterlichen Latinität zu beschwören. Nobel war dieses Projekt, weil in ihm wie zum letzten Mal ein versunkener Kontinent der Bildung am Horizont auftauchte, vergeblich, da schon zu jener Zeit, in den fünfziger Jahren des 20. Jahrhunderts, absehbar war, wie bald und wie radikal die Welt des geschriebenen Worts gegenüber der Ordnung der Zahlen ins Hintertreffen geraten würde – und dies lange bevor die digitalen Technologien den Umschwung zu einer post-literarischen, ikonischen und videosphärisch bestimmten Weltform beschleunigten.

Mir scheint, es ist ein guter Brauch, wenn man vom Empfänger einer hohen kulturellen Auszeichnung einige Worte der Selbstkennzeichnung erwartet, mit welcher er sich zu der Idee beziehungsweise zu der Symbolik des Preises, den er erhalten soll, in Beziehung setzt. Ich möchte dieser Erwartung gerecht werden, indem ich versuche, von dem Sympathiesystem zu sprechen, das ich im Laufe der Jahrzehnte als das meine entdeckt habe – und dabei sollte deutlich werden, wie dieses sich zu dem Komplex verhält, für den der Name des liberalen Vormärz-Publizisten Ludwig Börne steht.

Das bringt es mit sich, daß im folgenden fürs erste von einem weitreichenden Wandel des ursprünglichen Standpunkts oder, wenn Sie so wollen, von einer persönlichen Entwicklung die Rede sein muß. Denn soviel möchte ich von Anfang an klarstellen: Wenn der Laudator die Freundlichkeit hatte, meine Rolle im geistigen Leben dieses Landes als die eines *public intellectual* von einer gewissen Sichtbarkeit zu beschreiben, so redet er von einem späteren Zustand, nicht von der ersten Natur meiner Neigungen. Nur nach langen Lehrjahren des politischen Gefühls habe ich mich zu dem Autor gewandelt, der hier sprechen darf – einem

Autor, dem es eher schlecht als recht gelang, sich mit dem überwiegend unbequemen Platz in der deutschen Diskussions-Arena anzufreunden, der der seine wurde. Ich überrasche sicher niemanden, wenn ich andeute, wie wenig angenehm der Weg dahin in einigen Abschnitten gewesen sein muß, zur Nachahmung auf keinen Fall zu empfehlen. Er war verbunden mit der Entdeckung der Unfreundlichkeit, wie sie nur unter Angehörigen der gleichen Berufsgruppe gedeiht, und wenn es Philosophen sind, und führte zu prekären Zuwächsen an Menschenkenntnis und zu unerbetenen Erschwerungen der Nächstenliebe.

Im Rückblick auf die mehr als dreißig Jahre, die seit der Publikation meines ersten Buchs vergangen sind, *Kritik der zynischen Vernunft* betitelt, denke ich noch immer: Kein vernünftiger Mensch würde aus freien Stücken eine solche Laufbahn gewählt haben. Jedoch gehört das Umschlagen des Freiwilligen ins Unfreiwillige, wie es scheint, zu den Regeln, nach denen die *éducation sentimentale* des Intellektuellen geschieht, in unseren Tagen ganz wie in denen von Börne, Büchner, Heine, Hess, Bauer und Marx, um nur Namen aus dem 19. Jahrhundert zu nennen. Ja, sie muß wohl gesetzmäßig so und nicht anders verlaufen, wenn erst einmal die

Ursünde vorgefallen ist, die Politisierung heißt. Unfreiwilligkeit ist das Merkmal der Erfahrungen, die man sammelt, sobald die Vertreibung aus dem Paradies der Unbekanntheit begonnen hat – das, wie man spät begreift, das Paradies der Unentschiedenheit in sich enthielt.

Wäre es nach mir gegangen, sagen wir besser, nach meinem psychischen Ausgangsmaterial, und wäre ich früheren Neigungen treu geblieben, wie sie in ersten Büchern zutage traten, so hätte ich unermüdlich die Begegnung von Diogenes und Alexander ausgemalt und den Satz: »Geh mir aus der Sonne« freigiebig auf mächtige Herumsteher und Schattenmacher unserer Tage angewandt. Wäre ich auf der ersten Spur geblieben – nie hätte ich einen zwingenden Anlaß gelten lassen, der meditativen Provinz den Rücken zu kehren, in der ich mich aufhielt, seit ich in Indien zu Ende der siebziger Jahre die Luft von anderen Planeten geatmet hatte. Ich hätte das Dasein unbeirrt als Hirtenspiel begriffen und mich am Hang des Großen Feldbergs eingemietet, um badische Bucolica zu verfassen. Möglicherweise hätte ich auf den Spuren des späten Benn süß-dissonante Prosa geschrieben und klingende Summen der Abklärung zum besten gegeben – wie etwa den Satz: »es bleiben letztlich nur zwei Dinge, das Nichts und die *bella figura*«. Das wäre sicher auch der Titel eines kaum zu vermeidenden Buchs über einen Winter in der Villa Massimo gewesen.

Mit an Sicherheit grenzender Wahrscheinlichkeit hätte ich später aufsehenerregende Beiträge für das *Ivory Tower-Magazine* verfaßt, ja, ich bin überzeugt, mein Essay über Terrassen an Elfenbeintürmen hätte mich bei Bauherren im Mittleren Osten bekannt gemacht, mit günstigen Auswirkungen auf *Frequent-Traveller*-Konto und Lebensstandard. Eines Tages hätte ich wohl sogar mein geheimes Lieblingsprojekt verwirklicht und einen Gottesbeweis aus dem menschlichen Gesicht durchgeführt – was Einladungen an theologische Fakultäten von Innsbruck bis Kapstadt nach sich gezogen hätte, vielleicht sogar die Zulassung zu einem August-Gespräch in den Gärten von Castel Gandolfo, in einer Runde mit ernstkindlichen, purpurgegürteten Seelenhirten, und mit Blick aufs Wasser des Albaner Sees.

Das alles, meine Damen und Herren, sage ich, um anzudeuten, daß es bei dem Weg, der hierher führte, auf dieses mythenträchtige Podium, von dem so viele prächtige Skandale ihren Ausgang nahmen und an dem so oft bewiesen wurde, wie gut sich Demokratie und Erbauung aufeinander reimen, doch auch Demokratie und Nichtzuhören – wie dieser Weg also hierher führte in die ehrenhaft-schwierige Nachbarschaft des kämpferischen und schwärmerischen, oft souveränen, gelegentlich mitreißenden, manchmal verspannten Publizisten Börne, der Goethe aus ganzer Seele haßte, beim Gesang der Marie Malibran aber weinen konnte –, ich sage all diese Dinge folglich nur, um anzudeuten, daß dieser Weg nicht immer von mir gewählt worden sein kann, zumindest nicht im Sinn der angedeuteten anfänglichen Neigungen.

Es kam mir, um es lapidar auszudrücken, zuviel dazwischen. Was das im einzelnen war, ist hier nicht auszuführen, es ist Berufliches, Privates und Öffentliches dabei. Man findet darunter die unabschließbare Erwachsenenbildung, die ein Vater durch sein unaufhaltsam klüger werdendes Kind erlebt. Man findet dabei die Erziehung des ordentlichen öffentlichen Professors durch die Professur, man findet die Domestikation des Autors durch den programmsicheren Verleger und seine Richtigstellung durch den satzbausicheren Lektor, man findet die Beleidigung der öffentlichen Person durch beißlustige Rezensenten, satisfaktionsfähige und andere, man findet die Resozialisierung des einsamen Wolfs durch die Wölfe-Versteher unter den näheren Bekannten, man findet nicht zuletzt die Therapie des gefallenen Engels durch die Mitgefallenen – die Freunde *a priori*, mit denen man über das Unbehagen in der Schwerkraft redet wie bei Totendialogen zu Lebzeiten, jenseits von Sturz und Flug.

Es mußte einiges zusammenkommen, um aus einem Menschen, der alles mitbrachte, was zu einem erfolgreich verschwindenden Weltflüchtling gehört, gegen jede psychologische Wahrscheinlichkeit einen öffentlichen Intellektuellen zu machen, zumindest dem Phänotypus und dem äußeren Anschein nach – ich habe mich ja für die doppelte Staatsbürgerschaft entschieden und meinen Paß zur zweiten Welt behalten, die zuvor die erste war – ich habe sie eben als die meditative Provinz bezeichnet, ich hätte sie auch Böhmen am Meer nennen können oder Myschkinien, um an die imaginäre Heimat des Helden von Dostojewskijs Roman *Der Idiot* zu erinnern.

Unter den Dingen, die mit den Jahren zusammen- und dazwischenkamen, möchte ich zwei oder drei gesondert nennen, da sich an ihnen – und ihren inneren Niederschlägen – die Klangfarbe einiger Äußerungen von mir in den publizistischen Jahren am besten erklären läßt. Es handelt sich jedesmal um »Erfahrungen« im starken Sinn des Worts – sofern wirkliche Erfahrung nur sein kann, was, mit Hegel zu sprechen, eine Umkehrung des Bewußtseins durch die wegweisende Enttäuschung nach sich zieht. Erfahrung ist, was eine Wendung des Subjekts gegen sich selbst bewirkt und die vernichtende Befreiung von einer Vormeinung mit sich bringt.

Die erste Erfahrung dieses Formats geschah während zweier turbulenter Monate im Spätsommer 1999. Ich hatte damals in einem oberbayerischen Tagungszentrum, malerisch am Fuß der Zugspitze gelegen und auf die Bedürfnisse einer Klientel aus Angehörigen jener besinnlichen Münchener Oberschicht ausgerichtet, die eine Stunde Theorie als Zugabe zur Wellness duldet, einen Vortrag über die *conditio humana* im postliterarischen Zeitalter gehalten und darin eher beiläufig auf die beunruhigenden Perspektiven der Gen-Technik hingewiesen, durch die möglicherweise eines Tages die Beziehung zwischen Erbgut und Erziehung auf veränderte Grundlagen gestellt werden könnte. Aus dieser verhaltenen, der Stimmung nach mitternächtlichen Meditation unter dem Titel *Regeln für den Menschenpark*, worin ich einer leisen Trauer über den Zerfall der alteuropäisch literarischen Bildungsidee Ausdruck gab, wurde mit Hilfe eines am Starnberger See stationierten Faxgeräts eine furchterregende eugenistische Monstrosität generiert – es erübrigt sich hier, weiter ins Detail zu gehen.

Was den Vorgang für mich zu einer Erfahrung werden ließ, war die Fabrikation der sich anschließenden »Debatte« – falls man das Folgende so nennen darf. In diesem Prozeß bekam ich unfreiwillig – wie denn anders? – ein drittes Auge eingepflanzt, ein Auge, das von da an den medientheoretischen Blick besaß – man könnte auch sagen den funktionalistischen Blick, der dem bösen Blick gleicht. Mein ferner Freund Friedrich Kittler hatte zu jener Zeit schon längst seinen eigenen Weg zur Medientheorie gefunden, indem er die poetogenen Effekte aus dem Verbund von Müttern, Schreibzeug und Speichermedien untersuchte. Auf einem benachbarten Feld erhielt ich während der erwähnten Monate des Jahres 1999 eine jähe Nacherziehung. Zum Medientheoretiker wurde ich im Auge des Zyklons.

Inmitten der rotierenden Katastrophe lernte ich, dem Erzähler von Edgar Allan Poes Erzählung *Der Maelstrom* vergleichbar, in einer seltsamen Mischung aus Panik und Kaltblütigkeit den Kopf über Wasser zu halten. Ich beobachtete den Wirbel aus sich selbst zitierenden Zitaten, wie er wochenlang durch die Medien kreiste, als ob bewiesen werden sollte: Was die Elbe kann, das können die Hochwasser der guten Denkungsart bei uns schon lange. Halb entsetzt, halb mit bemühter Ironie, schaute ich auf die über die Ufer getretenen Flüsse, ich hörte die Wildbäche der trüben Meinung gurgeln, ich registrierte die sich täglich verlängernden Sequenzen aus Kommentaren und Kommentarskommentaren und sah deren Nachgeburten in bizarren Fraktalen heranwachsen. Der Nonsense entwickelte ein wunderliches Eigenleben in immer kleineren selbstähnlichen Abbildungen. Was in der *Zeit* und im *Spiegel* dröhnend und herrisch, großformatig und großinquisitorisch begonnen hatte, wiederholte sich in den possierlichen Verkleinerungen der späteren Abschreiber immer wieder und wieder, bis zu guter Letzt auch der *Entenhausen Daily* die Botschaft weitergegeben hatte: Da will doch einer den Übermenschen züchten! Aber mit uns nicht!

Bemerkenswert schien mir, dem unfreiwilligen Studenten der mediogenen Hysterie, ganz besonders das Ende der Affaire. Ich sah zu, wie nach wenigen Wochen die Fluten schlagartig zurückgingen. Kurz danach war es, als ob nie etwas geschehen wäre. Nicht einmal Aufräumarbeiten waren nötig, die Angehörigen der rechthabenden Klasse – all diese naturbelassenen Nie-und-nimmer-Übermenschen in ihren Häusern am See und in ihren verglasten Redaktionen – ließen Anfang Oktober von einer Minute auf die nächste von der Causa »Menschenpark« ab, um sich anläßlich der Frankfurter Buchmesse auf andere Objekte zu konzentrieren, Objekte, die neue leichte Siege der Lektüre über den Text in Aussicht stellten. Zu diesem Zeitpunkt war meine Ausbildung zum Mediologen wider Willen so gut wie abgeschlossen.

Ich wußte jetzt, daß Massenmedien, eben weil sie sind, was sie sein müssen, primär nicht informieren, sondern zeichenbasierte Epidemien erzeugen, ich wußte, daß die Menschenrechte des Originals gegen die Gewalt der Paraphrase nicht zu schützen sind, ich wußte, daß es auf massenmedialer Ebene nie um Argumente geht, vielmehr um die Einspritzung mentaler Infektionen, vor allem aber wußte ich, daß es auf den Meinungsmärkten keine Mißverständnisse gibt – wie es die positiv Denkenden unter den Kommunikationstheoretikern noch immer zu glauben vorgeben, wenn sie Konfliktparteien bei polemischen Transaktionen beobachten. Mir war klargeworden, auf der Themenbörse haben nur jene Verzerrungen einen Marktwert, die dem Verzerrer Gewinn eintragen – bitte achten Sie darauf, daß Verzerrer ein technischer Ausdruck ist wie Schalldämpfer oder Lautstärke-Regler. (Er bezeichnet einen Investor in Erregungen, die als öffentliche Themen zirkulieren. Daß Verzerrer als ihren Beruf in der Regel »Journalist« angeben, davon soll man sich nicht beirren lassen.)

Meine Damen und Herren, Sie sehen die moralisch-publizistische Konsequenz aus diesen Bemerkungen voraus. Medientheorie ist ein undankbares Handwerk. Als reflektierende Disziplin bedeutet sie die Säkularisierung der Kommunikation, als angewandte Theorie meint sie Umfunktionierung der Medien bei laufendem Betrieb, um höhere Wachheit beim Publikum zu erzeugen.

Wie dies gemeint ist, meine Damen und Herren, und in welche Konflikte solche Überlegungen führen, können Sie beurteilen, wenn ich auf das andere erfahrungswertige Ereignis zu sprechen komme, das mich über das Bisherige hinaus daran hinderte, dem Hang zu Reflexionen eines Unpolitischen weiter nachzugeben. An einem ganz normalen Tag im September 2001 rief mich ein jüngerer Mitarbeiter aus Wien an und sagte mit seltsamer Betonung, ich müsse sofort den Fernseher anstellen – was ich dann tat. Das übrige gehört ins innere Bilderarchiv unserer Generation, ich brauche hierzu nichts weiter zu bemerken. Die Bilder jenes Tages setzten weltweit zahllose mentale und physische Reflexe oder Gesten in Bewegung, von denen man nicht zuviel sagt, wenn man feststellt, daß sie bis heute unabgeschlossene Figuren bilden. Der Schockimpuls übertrug sich in kürzester Zeit in jede Richtung. Man mußte Antwort geben angesichts des real anwesenden Schreckens, als mitfühlender Mensch wie als denkender Beobachter, und sofort war evident, die Antwort würde sich auf einer neuen Stufe der politischen Theorie ansiedeln müssen. Sosehr ich es vorgezogen hätte, auf dem Geh-mir-aus-der-Sonne-Standpunkt zu verharren: Von jetzt an würde alles politisch werden, politisch jedoch in einem unerprobten Sinn des Wortes – dem völlig veränderten Aggregatzustand des Politischen selbst entsprechend.

Der 11. September stellte einen Vorfall dar, den man in der Terminologie der allgemeinen kulturgenetischen Theorie der Wuppertaler Schule um Brock und Mühlmann ein Maximal-Stress-Ereignis nennen würde – so heißen Situationen, die den Betroffenen eine Reaktion des Gesamtorganismus abverlangen. Sie erzwingen eine Mobilisierung aller kognitiven und motorischen Ressourcen angesichts einer undefinierten und unkalibrierten Herausforderung. Immerhin, von Anfang an ließ sich erkennen, in welche Richtungen die Schockwelle reaktiven Verhaltens sich ausbreiten würde: motorisch in die Gesten des Zurückschlagens, kognitiv in die fieberhafte Erstellung eines Fahndungsbildes, das der Suche nach dem unsichtbaren Feind den ersten Anhalt bieten sollte. Was in der Luft lag, war Krieg und mehr.

Es ist aus heutiger Sicht sehr leicht, die globale Hilflosigkeit der damals *in situ* dargebotenen Reflexe zu konstatieren – die politische Hilflosigkeit nicht anders als die intellektuelle. Es gab ja nirgendwo eine Theorie, die dem Vorgang auch nur von weitem angemessen gewesen wäre, ausgenommen vielleicht die leise kluge Stimme René Girards, der sein bekanntes Theorem von der Gewaltfreisetzung durch Nachahmungseifersucht und mimetische Rivalität auch in der amerikanisch-arabischen Kollision wiedererkannte. Es wäre eine fruchtlose Bemühung gewesen, bei den Klassikern der politischen Theorie von Hobbes bis Max Weber nachzuschlagen, um eine adäquate Antwort auf die Botschaft des Schreckens zu finden – diese Autoren lebten noch zu weit entfernt von den Tatsachen der globalisierten, synchronisierten und mediatisierten Welt, als daß sie zum Verständnis der akuten Sorge etwas Wesentliches hätten beitragen können. Bakunins Handreichungen zur Zerbombung des Bestehenden hingegen wirkten plötzlich sehr biedermeierlich. Hätten wir die Reden Mahatma Gandhis erneut zur Hand genommen, man wäre nicht wirklich klüger gewesen. Hätte man Habermas konsultiert, er hätte seine Unzuständigkeit erklärt, weil er auf symmetrische Beziehungen zwischen vorsortierten Vernunftsubjekten spezialisiert ist. Da hätte man auch Erich Fromms *Kunst des Liebens* wiederlesen können, um zu entdecken, daß die organisierte Harmlosigkeit der gewöhnlichen Theorie für Zwischenfälle dieser Art keine Antwort hat.

Ich möchte nun nicht behaupten, meine eigenen Stellungnahmen von damals wären von der kollektiven Konfusion ganz unberührt geblieben – aber ich sträubte mich von Anfang an dagegen, daß die Konfusion die ganze Hand nimmt, wenn man ihr schon den kleinen Finger reichen muß. Ich sah eine riesenhafte Flutwelle aus Rückschlagreflexen auf uns zurollen. Es kündigte sich eine psychopolitische Springflut an, die überwiegend endogen aus situationsgeblendeten Zwangsantworten hervorgehen würde, formatiert in den Schrifttypen der Wut, die ohnmächtig versuchte, sich aus der Ohnmacht zu erheben. Ich sah auch sonst einiges an hilflosen Reflexen, zumal bei Intellektuellen, die spontan zur Identifikation mit dem Angreifer tendierten, um für diesmal die Terminologie der psychoanalytischen Lehre von den Abwehrmechanismen zu bemühen.

Angesichts dieser Wahrnehmung einer maßlosen Reaktionswelle – damals eine bloße Vorahnung, heute ein erhärteter Befund, nachdem die bezeichnete Welle Hunderttausende von Leben gekostet hat – sagte ich über *nine eleven* zwei Dinge, die ich noch immer für richtig halte, obschon sie beide nicht ganz ohne ethische Risiken sind und über ihre Nebenwirkungen wenig bekannt ist. Zum einen meinte ich, daß man im Prozeß der Demokratie mehr und mehr auch für seine Feinde verantwortlich wird. Das ist eine Behauptung von einigem moralischem und sozialphilosophischem Anspruch – sie ist zu sperrig, als daß

ich sie hier näher begründen könnte. Ich begnü-
ge mich mit dem Hinweis, daß es sich um eine
Übertragung des dritten Newtonschen Gesetzes
auf das Feld der Ethik handelt – wonach Kräf-
te immer in polarisierten Paaren auftreten. Zum
anderen wendete ich die in der Gehirnforschung
geläufige Unterscheidung zwischen rechtshemi-
sphärischen oder affektiv-ganzheitlichen und
linkshemisphärischen oder analytisch-distanzie-
renden Prozessen auf unsere post-traumatische
Verfassung im Schatten der eingestürzten Tür-
me an. Ich plädierte angesichts der rechtshemi-
sphärischen Sturmflut, die auf uns zurollte, für
linkshemisphärisches Verhalten – was nicht mehr
und nicht weniger als die Option auf die Wieder-
gewinnung von ein paar nicht ganz reflexhaften
Antwortmöglichkeiten implizierte – nicht-reflex-
haft aufgrund von zurückgekehrter Besinnung
und aufgrund des bekräftigten Bekenntnisses zum
Primat der Zivilität. Ich postulierte – in Notwehr
gegen die aufheulende neurologische neue Rechte – eine neurologische Linke, um dem sofort ein-
setzenden Aufmarsch der Rechtshemisphäriker
ein intellektuelles Veto entgegenzusetzen – ich
formulierte ein ruhiges, doch unverhandelbares
Nein zu all den Rückschlagkommandos da drü-

ben und zu ihren Claqueuren bei uns. Denn ich sah sie ja kommen, die Vergeltungstruppen und ihre eingebetteten Journalisten, mit ihrer großspurigen Imperium-Versteherei, ihrem Applaus für den Krieg unter gefälschten Vorwänden und ihrer antiislamischen Verbissenheit. Und wir haben Grund festzustellen: Diese September-Krieger, diese besinnungsfeindlichen Maulhelden von damals, diese Drohnen, die als unbemannte Hohlschädel ihre Überwachungsflüge über dem freien Denkraum ausführen – sie sind noch immer im Einsatz, und sie lassen von ihrer wutgetriebenen Vergiftungsarbeit nicht ab.

Mit dieser Stimmabgabe im Schatten des 11. September hatte ich mein Sympathiesystem deutlich markiert – es ist das der Menschen, die sich Zeit für einen zweiten Blick auf ihre Reflexe nehmen. In anderen Zusammenhängen würde man es eine Ethik der Zurückhaltung nennen; in wiederum anderen hieße es ein Exerzitium auf der Ebene von Beobachtungen zweiter Ordnung.

Meine Damen und Herren, ich habe in den vergangenen zwölf Jahren keinen Grund kennengelernt, an dieser Option etwas zu ändern. Seit zwölf Jahren ist mir zumute, als lebte ich in einem immerwährenden mediologischen Seminar, in dem man die Fabrikation der gemeinsamen Unwirklichkeit, die sich als informierte Öffentlichkeit ausgibt, von Tag zu Tag mitschreibt. Wenn es in dieser Zeit einen Zuwachs an Erkenntnis gab, so bestand er darin, daß ich genauer zu sagen lernte, warum die Medientheorie ein undankbares Geschäft ist.

Medientheorie rührt an das mediale Unbewußte von sozialen Großkörpern, die seit dem 18. Jahrhundert als Populationen von Nationalstaaten verfaßt sind, zumeist in Formatierungen von zehn Millionen bis 300 Millionen Menschen und mehr. Im Blick auf diese übergroßen Gebilde statuiert die unbeliebte Theorie: Der aktuelle mentale Zusammenhang solcher niemals physisch versammlungsfähigen Riesenkollektive kann nur durch Massenmedien von hoher Penetrierungswirkung gewährleistet werden, sofern diese den Stoff, aus dem die geteilten Sorgen sind, auf täglicher Basis generieren und umverteilen. Massenkommunikation organisiert das permanente Plebiszit gemeinsamer Sorgen und liefert auch gleich die Ablenkung von diesen mit.

Fragt man einen Mediologen, was in seinen Augen eine moderne Gesellschaft sei, so antwortet er in professioneller Ruhe: »Gesellschaft« ist der seit der Aufklärung gebräuchliche Codename für eine massenmedial integrierte, zumeist polythematische Stress-Kommune. Deren interner Tonus oszilliert unregelmäßig zwischen den Extremen des lockeren unterhaltungsgemeinschaftlichen und des dichten kampfgemeinschaftlichen Zustands – dazwischen liegen die Werktage der Demokratie mit ihrem natürlichen Pluralismus der Probleme.

Je mehr sich ein Kollektiv dem unterhaltungsgemeinschaftlichen Pol annähert, desto mehr Freiheitsgrade stehen seinen Angehörigen offen, bis hin zur Lizenz fürs unpolitische Leben. In diesem Fall bildet es tendenziell ein Aggregat aus Urlaubern – sofern man Urlaub als größtmögliche Entfernung vom Ernstfall definiert. Liegt man auch meistens an den gleichen Stränden, ein gemeinsames Projekt haben die Liegenden nicht nötig. Nähert sich das Kollektiv hingegen dem kampfgemeinschaftlichen Pol, so legt es die Tendenz an den Tag, zu einer monothematischen Kommune zu fusionieren – besonders dann, wenn es synchron aufgewühlt wird von Vorstellungen gemeinsamer Bedrohtheit – völlig unabhängig davon, ob die mitgeteilte Bedrohung real besteht oder erfunden wurde, um die Fusion zu provozieren. Durch den von gleichgeschalteten Medien erzeugten monothematischen Druck integriert die Kampfgemeinschaft ihre Mitglieder im Modus totaler Erfassung auf der Basis von zwanghaft geteilten Maximal-Stress-Impulsen.

Meine Damen und Herren, ich würde Ihnen diese eher unattraktive mediologische Neubeschreibung des Unterschieds von Krieg und Frieden nicht zugemutet haben, wenn ich nicht vorhätte, zum Schluß meiner Dankrede für diesen schönen, wichtigen und zukunftsträchtigen Preis noch einige Worte über den Ernst der heutigen Lage im ganzen vorzubringen. Um keine Zeit zu verlieren, sage ich nichts über die Rente mit 67, die Fahrradhelmpflicht, die Homosexuellen-Ehe, die Schwellenländer und die Sparlampe. Dazu später mehr am Strand.

Jetzt aber möchte ich so kurz und so ernst wie möglich von einem weitverbreiteten Gefühl sprechen – vielleicht ist es auch nur eine Ahnung oder eine Stimmung. Die Rede ist von einem diffusen Unbehagen, das in verbalisierter Ausführung besagen würde, daß heute etwas mit der Welt im ganzen auf eine sehr unheimliche Weise schiefläuft. Gefühle dieser Art lassen sich in Spurenelementen für fast die gesamte Ära der sogenannten

Hochkulturen nachweisen, doch relativiert dieser Hinweis nur den aktuellen Befund, er hebt ihn nicht auf. Er ändert nichts an der unverwechselbaren heutigen Färbung und Massivität der angedeuteten Empfindung.

Zu der gehört – um mit dem Nächstliegenden anzufangen – der sich allgemein verbreitende Eindruck, das Projekt Europa sei dabei, an Mißmanagement zu scheitern. Sosehr dieses große politische Unternehmen auch nach dem Zweiten Weltkrieg in vorsichtig stetiger Entwicklung aufzublühen begonnen hatte, seit geraumer Weile beobachtet man, wie es in einem »Sumpf« – oder wie man das Heillose und Überkomplexe sonst nennen will – aus Bürokratismus, Ökonomismus, Monetarismus und Prozeduralismus versinkt, und dies von Jahr zu Jahr wegloser und verwickelter, und bei ständig fortschreitender Entfremdung zwischen denen, die oben etwas konstruieren, und denen, die es unten nicht mehr mitvollziehen. Der Befund ist fatal: Das europäische Aggregat befindet sich in einem Zustand, den niemand so gewollt haben kann. Abhilfe zeigt sich dafür keine, und die Abwesenheit eines inspirierenden gemeinsamen Projekts, das den Neustart bewirken könnte, ist evident. Kurzum, als durchwegs ökonomisch ausgerichtete Wohlstandsgemeinschaft ist Europa an seine Grenzen gelangt. In mediologischer Perspektive kommt dieser Kontinent mit all seiner amüsanten Diversität, seiner konstitutiven Uneinigkeit, seiner sympathischen Entschlußschwäche, seiner prekären Symbiose zwischen Norden und Süden usw., immer noch viel eher dem Pol der lose gekoppelten Unterhaltungsgemeinschaft nahe, erkennbar an der herrlichen Beliebigkeit der Themen, am Vorrang der Urlaubsweltansichten und an einer alles durchdringenden Ernstfallferne. Er ist Lichtjahre entfernt von der zusammengescheuchten und zusammengeballten Kampfgemeinschaft, die unter dem Stress eines akuten Sichangegriffenfühlens zielbewußt kooperieren könnte, um das Eine, das not tut, zu erreichen.

Man darf hier den Terminus »Unterhaltungsgemeinschaft« nicht zu alltäglich nehmen – er deutet auf den Zusammenhang zwischen Polythematik und Agenturschwäche. In solchen Systemzuständen kann man über tausendunddrei Dinge reden, weil man ja praktisch gar nichts tun wird. Am besten wäre es, sich Europa vorzustellen wie einen Campingplatz am Rand der österreichischen Alpen. Nehmen wir an, es ist schon Ende August, es regnet seit fünf Wochen ohne Unterbrechung, wir

haben unseren ganzen Urlaub in eine Tiefdruck-
zone investiert, längst hat man den Punkt erreicht,
von dem an man schlechtes Wetter persönlich
nimmt. Und genau da sieht man ihn in seiner wah-
ren Natur, den Europäer von 2013, den verbitter-
ten Urlauber, der unter dem triefenden Vordach
sitzt und sich den Schilling zurückwünscht oder
die Pesete oder die D-Mark, jeder für sich in seinem durchnäßten Anhänger isoliert. Man sollte
sich daran gewöhnen, daß selbst ein solches En-
semble von Frustrierten durchaus plausibel unter dem Begriff »Unterhaltungsgemeinschaft« zu
fassen ist – und wenn hingegen manche Politiker
wieder anfangen, von Schicksalsgemeinschaft zu
faseln, wie es vor einem halben Jahr im Auswär-
tigen Amt zu Berlin, in Anwesenheit der halben
Welt, zu hören war, so zeigen sie nur, in welchem
Maß sie hinter autohypnotischen Floskeln in einer
diplomatischen Parallelgesellschaft verschwunden
sind. Wenn also Europa ein Ort ist, wo die Dinge
seit einer Weile schrecklich schieflaufen, dann an
erster Stelle deswegen, weil Europa seiner psychopolitischen Verfaßtheit nach dem unterhaltungsgemeinschaftlichen Pol immer zu nahe geblieben
ist. Sagen wir es ohne Umschweife: Hier war die
mediale Organisation von gemeinsamer Unwirk-

lichkeit zu erfolgreich. Die Nähe zum lockeren Pol wird naturgemäß mit Agenturschwäche, Diskordanz und Selbstverachtung bezahlt.

Von der europäischen Misere kann man nicht sprechen, ohne sofort daran zu denken, daß in unserer Schwesterzivilisation, den USA, die Dinge auf eine noch viel unheimlichere Weise von Grund auf schieflaufen – und zwar, wie man nach dem Gesagten leicht begreift, aus Gründen, die sich zu europäischen Verlegenheiten strikt komplementär verhalten. Noch einmal muß man hier auf das Datum des 11. September zu sprechen kommen, um seine Langzeitwirkungen zu markieren. Wenn es seinem Inhalt nach den reinen Schrecken darstellte, so wurde es doch erst durch seine Interpretationen vollends fatal. Seit die Vereinigten Staaten zum ersten Mal in ihrer Geschichte einen in der Sache nicht returnierbaren Angriff auf eigenem Boden hinnehmen mußten, entrollt sich in dem so großen und in manchem so bewundernswerten Land ein Drama, das in einem psychopolitischen Debakel von erheblichen Ausmaßen enden könnte. Aus der Sicht der politischen Mediologie waren die Tage und Wochen nach *nine eleven* die Reindarstellung einer kampfgemeinschaftlichen Zusammenballung. Hier wurde ein sozialer Großkörper in die synchrone Stress-Ekstase versetzt, vergleichbar allein mit den Bildern des europäischen August 1914 – damals auf enthusiastischer Welle, diesmal in den Frequenzen von Schock, Wut und unstillbarer Kränkung. Erzeugt wurde die Ekstase durch ein einziges überwältigendes Thema, einen brutalen singulären Stimulus von maximal stressorischer Qualität – da schwamm er also, der politische schwarze Schwan am Hudson River. Wer ernsthaft wissen will, was eine Gesellschaft in vollständiger monothematischer Fusion ist, kann das Studium des *nine-eleven*-Phänomens nicht umgehen. Dabei zeigt sich, daß es nicht nur sich selbst erfüllende Prophezeiungen und sich selbst erfüllende Befürchtungen gibt, sondern auch sich selbst wahr machende Überinterpretationen. Die USA wurden durch ihre jähe monothematische Bündelung in den Zustand höchster kampfgemeinschaftlicher Stress-Synthese versetzt. Da fürs erste aber kein sichtbarer äußerer Feind zu greifen war – er wurde später unter dem Namen Al Qaida nachgereicht –, mußte sich die kampfgemeinschaftliche Fusion zu sehr großen Teilen nach innen entladen. Durch die aus der Hilflosigkeit geborene autoaggressive Wendung des Schocks entstand die neue kriegsideologische Struktur, die inzwischen weite Zonen der Welt unter ein pseudo-rationales sekuritäres Kommando gestellt hat. Dessen offizielles Merkwort lautet: *war on terror* – oder besser: *war and more*.

Auf dieses *more* kommt es entscheidend an, wenn man die Schiefe der Ebene berechnen will, auf der die Dinge seither gleiten. Aus diesem Mehr-als-Krieg steigen seit längerer Zeit wie aus der Büchse der Pandora die größeren Übel, die die großen vertreiben sollten. Aus ihm wächst die lange Kettenreaktion der sekuritären Selbstvergiftung, die seit mehr als einem Jahrzehnt bis in die alltäglichen Denk- und Sprechweisen der politischen Kollektive in aller Welt vordringt. Wie verheerend die Nonsense-Formel vom Krieg gegen den Terror weltweit gewirkt hat und wie krank die Gehirne der unbedachten Benutzer der Formel durch sie geworden sind, kann man an der zutiefst korrupten Rede des türkischen Ministerpräsidenten Erdoğan erkennen, in welcher er die demokratischen Demonstranten im Gezi-Park von Istanbul als »Terroristen« bezeichnete – er beging damit einen Akt extremer verbaler Gewalt, von dem man sicher sein darf, daß er in Europa zu den Akten genommen werden wird – und seine Unverzeihlichkeit wird statuiert werden. Wo

Erdoğan diese perverse Art der Markierung von Opponenten gelernt hat, man weiß es genau – wie man auch weiß, daß sich auf der anderen Seite des Atlantiks mit dem Aussprechen des Worts »Terrorist« inzwischen die Freigabe zum Abschuß per Drohnenangriff verbunden hat – der Sprechakt und die Tele-Exekution bilden im Zeitalter des chirurgisierten Kriegs eine einzige Sequenz. Der Terror-Begriff ist aus dem Labor des Pentagon ausgebrochen, er ist zu einem viralen Ungeheuer mutiert – es bringt seinen Objekten den Tod, aber seinen unbedachten Benutzern die Pest. Unbedacht sind vor allem jene scheinbar wohlmeinenden Zeitgenossen geblieben, die hartnäckig ignorieren, daß 99 % aller terroristischen Übergriffe im 20. Jahrhundert auf das Konto von Staatsterrorismen gegangen sind. Es waren durchwegs Staaten und Regime in Staatsbesitz, die ihre eigenen Bevölkerungen unter den diversesten Vorwänden furchtpolitisch mißhandelten, zumeist um sie vor angeblichen Aggressoren und Schädlingen im Inneren zu schützen. Daß man die Menschen seit jeher viel eher vor ihren leviathanisch aufgeblasenen Schützern schützen muß, scheint immer noch eine neue Idee zu sein.

Um es kurz zu machen: In der westlichen Welt

gehen heute die Dinge auf eine beängstigende Weise schief, weil in ihr zwei komplementäre Formen der Selbstzerstörung zu beobachten sind. An Europa fällt eine pathologische Agentur-Schwäche auf, die bis zur Unfähigkeit reicht, eine Tagesordnung zu erstellen. Hieraus folgt die Umwandlung von Politik in einen improvisierenden Reparaturbetrieb, in dem man von Tag zu Tag hinter den eigenen Fehlern her regiert – das beobachten wir am Management des Euro-Debakels auf fast stündlicher Basis. An den USA dagegen fällt eine aus dem Gleis gesprungene Agentur-Stärke ins Auge. Deren Führer haben den Globus zum Fahndungsgebiet und zum Schlachtfeld ohne Grenzen erklärt, ohne zu bedenken, wie kurz der Weg ist vom ersten Verrat an den eigenen Grundwerten bis zur vollendeten Selbstpreisgabe. Diese geschieht hier wie immer durch die Assimilation an den Feind, einen Feind, den es zwar auch im Realen gibt, den aber die sekuritätssüchtige Imagination im Maßstab von eins zu hunderttausend vergrößert.

Erlauben Sie mir, meine Damen und Herren, ein letztes Wort und eine abschließende Andeutung über einen möglichen Ausweg aus den dargestellten Verlegenheiten vorzubringen. Es geht natürlich noch sehr viel mehr schief in der Welt, als hier in bezug auf Europa und Amerika skizziert wurde. Alle größeren Schiefgänge haben ihr gemeinsames Merkmal in einem abenteuerlichen Mangel an echter Agentur – man könnte auch sagen: in dem beklemmenden Rückstand, in dem die Handlungsfähigkeit der verfaßten Handlungsorgane hinter den schnell wachsenden Problemlawinen herläuft – ob es die Sorge um die vergiftete Umwelt ist oder der Klimawandel, der kalte Krieg um die Ressourcen oder die Flüchtlingsströme, die Spekulation mit Nahrungsmitteln oder die Mißachtung der Tierwelt: Hier müßten noch ein Dutzend Problemnamen in Großbuchstaben folgen. Man spricht in Kreisen ernsthafter Politologen seit längerem davon, daß es der Welt an *Global Governance* mangelt – falls damit die Kompetenz bezeichnet ist, auch im Großen rechtzeitig das Richtige zu erkennen und ins Werk zu setzen. Doch zwischen G 2 und G 20 – man kann die Unfähigkeit, etwas zu tun, heute in allen Größen haben.

Noch einmal: Die Europäer sind agenturschwach, weil sie zu unernst und zersplittert sind, um eine Agenda zustande zu bringen. Die Amerikaner sind agenturstark geblieben, doch leider nur im militärischen Feld, und dort ruinieren sie sich selbst durch falsche, teure und kontraproduktive Feldzüge im Dienst von übertriebenen Phantasien der Unverwundbarkeit.

Angesichts dessen kann nur die nüchternste Diagnose weiterhelfen. Das europäische Projekt steht vor dem Zerfall, das amerikanische Projekt an der Grenze zur Depression. Die beiden Dekadenzen verweisen aufeinander. In beiden politischen Projekten haben sich jedoch so wertvolle demokratische Erfahrungen materialisiert und so unaufgebbare kulturelle Motive verkörpert, daß von ihrer Preisgabe keine Rede sein kann. Und ebendeswegen ist die Debatte über eine Neuformatierung Europas sinnvoll – auch wenn es abwegig wäre, einer Sezession der lateinischen Gruppe das Wort zu reden, wie dies jüngst im Ton sonntäglicher Unverantwortlichkeit ins Gespräch gebracht wurde. Interessant ist die unvermeidliche Neuformatierung Europas nicht zuletzt deswegen, weil sich auch für die USA eine Umformatierung als dringend ratsame Reform erweist. Möglicherweise vermöchte eine Neufassung der amerikanischen Ostgrenzen der ökonomischen Stagnation und der bellizistisch-sekuritätsneurotischen Verranntheit des großen Landes abzuhelfen.

Darum sollte man fragen: Ist es nicht denkbar, daß die Überwindung der Krisen hier und dort in der gegenseitigen Behebung der reziproken Schwächen und in der Verbindung der reziproken Stärken bestünde? Sollten nicht die Amerikaner endlich europäisch Farbe bekennen und die Europäer atlantisch? Dies würde einen Sprechakt voraussetzen, den viele Europäer wahrscheinlich mühelos, die meisten Amerikaner nur mit größerer Anstrengung über die Lippen brächten: Was not täte, wäre eine gegenseitige *Declaration of Dependence* – das Eingeständnis vor aller Welt und mit aller Welt, daß es ohne einander nicht geht – nun aber nicht nur in feierlichen Beteuerungen am 8. Mai, sondern in der Sprache einer verbindlichen gesamtokzidentalen Verfassung. Bleibt diese aus, könnte es leicht geschehen, daß alles demnächst in einem globalen Endspiel der Agenturunfähigkeit zerfällt.

Im Jahr 2002 publizierte der französische Publizist und Mediologe Régis Debray ein kleines Buch unter dem Titel *Das Edikt von Caracalla – oder ein Plädoyer für die Vereinigten Staaten des Westens.* Darin gab er vor, das Manuskript eines gewissen Xavier de C*** posthum zu publizieren – eines angeblichen Bekannten von früher, der ihm vor seinem Tod eine Denkschrift von einiger Kühnheit anvertraut hatte. Zur Erinnerung füge ich an: Das Edikt von Caracalla war der beispiellose Erlaß des (in Lyon gebürtigen) römischen Kaisers Bassanius Caracalla, des Thermen-Bauherrn, aus dem Jahr 212 u. Z., durch welchen allen freien Männern des Imperiums das römische Bürgerrecht verliehen wurde. Der Kaiser gab damit der Einsicht Raum, daß Rom und Italien für sich allein den Anforderungen der Zeit nicht mehr gewachsen waren und ihre Zukunft nur noch durch eine Politik der klugen Inklusion sichern konnten.

Die Analogie liegt auf der Hand: Der politischen Phantasie des Xaxier de C*** zufolge, der naturgemäß kein anderer ist als der Herausgeber selbst in einem durchsichtigen Incognito, sollte in nächster Zeit auf beiden Seiten des Atlantiks das Folgende geschehen: Allen erwachsenen Europäern würde das amerikanische Bürgerrecht verliehen, allen Amerikanern das europäische – das übrige würde sich aus diesem Anfang ergeben. Der anonyme Autor sprach sich dafür aus, aus Europa und den USA eine reelle politische Einheit entstehen zu lassen. Dies würde es mit sich bringen, daß der Präsident der USA künftig auch jener der Europäer wäre, und sie würden bei seiner Wahl aufgrund ihrer zahlenmäßigen Überlegenheit regelmäßig den Ausschlag geben – bis hin zu der Möglichkeit, daß Europäer amerikanische Präsidenten würden und Amerikaner europäische.

Man hat das Büchlein seinerzeit als einen ernsten Scherz gelesen und es kopfschüttelnd beiseite gelegt. Alles deutet darauf hin, daß Debray diese Reaktion vorwegnahm: In seinem Nachwort zu dem fiktiven Memorandum macht er keinen Hehl aus seiner Überzeugung von der Unmöglichkeit des Vorschlags. Er fällt sich selbst mit einer realistischen und melancholischen Geste ins Wort, indem er die Absurdität des Gesagten hervorkehrt. Realist und Melancholiker ist, wer begriffen hat, daß auch bei dem, was schiefgeht, immer das Gesetz der Pfadabhängigkeit gilt: Aus dem, was begonnen wurde und wie es bisher lief, folgt die progressive Einengung der Freiheitsgrade bei den nächsten Schritten, bis die weitere Geschichte nur noch ein Endspiel aus konsequentiellen Zwängen darstellt. Aber vielleicht sind, was man Revolutionen nennt, nichts anderes als die Weigerungen von Kollektiven, nur Zuschauer bei Endspielen zu sein.

Ich schließe, meine Damen und Herren, mit dem Hinweis, daß es in manchen Situationen nicht zulässig ist, dem Realismus und der Melancholie, dem schlimmen alten Paar, das letzte Wort zu lassen. Verstehen wir uns recht: Ich sehe in Régis Debray einen Freund, dessen Klugheit die intellektuelle Kultur Europas in den letzten Jahrzehnten viel verdankt – dasselbe gilt für Giorgio Agamben, wenn er mir auch momentan mit seinen irrlichternden Andeutungen zu einer lateinischen Sezession ans Mittelmeer nicht auf dem richtigen Weg zu sein scheint. Um so mehr spricht aus meiner Sicht heute alles dafür, auf einen Mann wie Hans Ulrich Gumbrecht zu schauen, denn er ist es, der in seiner Person die Vereinigten Staaten des Westens so überzeugend wie selbstverständlich vorwegnimmt. Er verkörpert sie schon unbemüht und auf die glanzvollste Weise – wie man sieht: zum eklatanten Vorteil beider Seiten. In seinem unverwechselbar geistvoll-nervösen Stil, seiner global schweifenden Aufmerksamkeit, seiner kosmopolitischen Präsenz ist er die Mitte eines Sympathiesystems, das in den Universitäten aller Kontinente Freunde erworben hat. Wären die *United Humanities* der Welt wie eine UNO organisiert, Gumbrecht wäre ihr Generalsekretär. Daß er mich als Juror für diesen Preis auswählte und lobende Worte zu meiner Arbeit zu sagen bereit war, dafür bin ich sehr dankbar, und darauf stolz bin ich natürlich auch.

Meine Damen und Herren, der frühere sozialistische Präsident Frankreichs François Mitterrand soll gerne die Formel zitiert haben: *Il faut donner du temps au temps* – man muß der Zeit Zeit geben. Mir ist nicht bekannt, ob ihm bewußt war, daß er damit Calderon de la Barca zitierte und vor ihm Cervantes – zwei Autoren, die zu Beginn der Neuzeit die Devise *dar tiempo al tiempo* geprägt hatten: worin schon die ganze Weisheit moderner Politik und Lebenskunst steckt. Denn wer bessern will, muß auch warten können. Ich füge – im Geist von Ludwig Börnes großartig-ungeduldigem Gebet an die Göttin Geduld – hinzu: Da wir in einer sich überstürzenden Welt leben, müssen wir lernen, der Zeit Zeit zu geben und doch uns zu beeilen, als ob schon die Flammen durch das Dach des Hauses schlügen.